Impressum
Verlag: BABADADA GmbH, Nedderfeld 112 , 22529 Hamburg
Geschäftsführer / Verlagsleitung: Harald Hof
Druck: Books on Demand GmbH, In de Tarpen 42, 22848 Norderstedt

Imprint
Publisher: BABADADA GmbH, Nedderfeld 112 , 22529 Hamburg, Germany
Managing Director / Publishing direction: Harald Hof
Print: Books on Demand GmbH, In de Tarpen 42, 22848 Norderstedt

okul

School

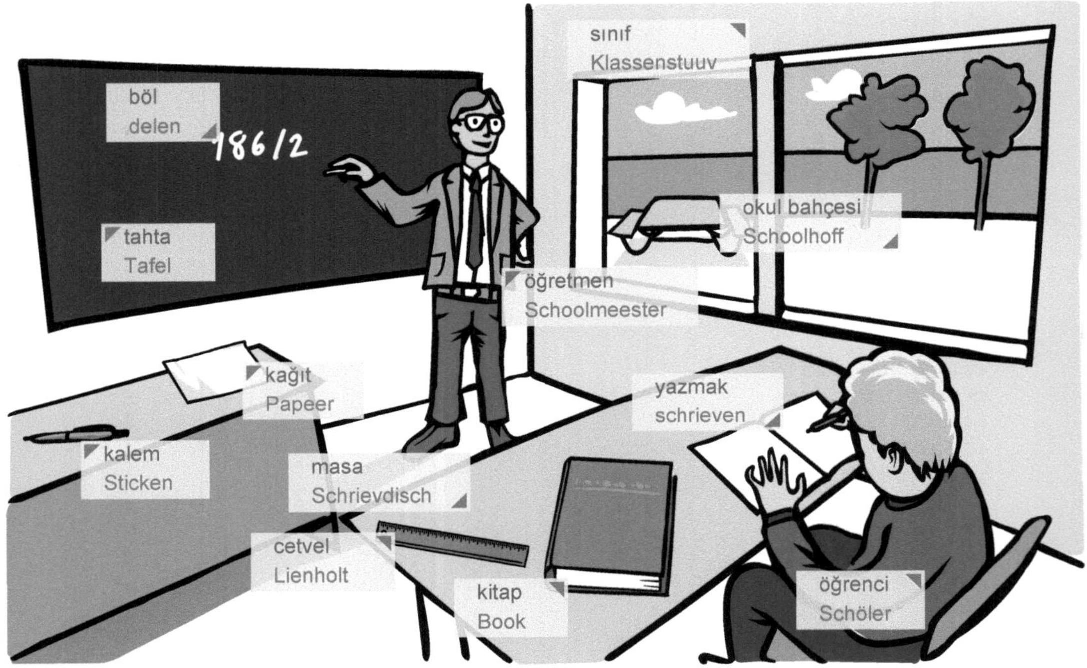
sınıf
Klassenstuuv
böl
delen
186/2
tahta
Tafel
okul bahçesi
Schoolhoff
öğretmen
Schoolmeester
kağıt
Papeer
yazmak
schrieven
kalem
Sticken
masa
Schrievdisch
cetvel
Lienholt
kitap
Book
öğrenci
Schöler

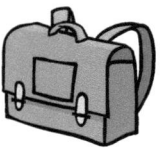

okul çantası

Ranzel

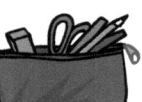

kalemlik

Feddermapp

kurşun kalem

Bleesticken

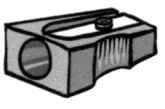

kalem açacağı

Scharpmaker

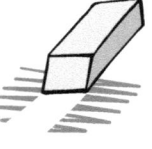

silgi

Radeergummi

çizim defteri

Tekenblock

çizim
Teken

resim fırçası
Pinsel

boya kutusu
Malkassen

makas
Scheer

tutkal
Klever

alıştırma kitabı
Heft to'n Öven

ödev
Huusopgaav

sayı
Tall

ekle
tohooptellen

çıkar
aftrecken

çarp
malnehmen

hesapla
reken

harf
Bookstaav

alfabe
ABC

kelime
Woort

okul - School

3

metin

Text

okumak

lesen

tebeşir

Kried

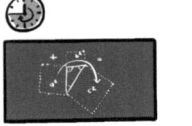

ders

Stunn

kayıt

Klassenbook

sınav

Pröven

sertifika

Tüügnis

okul forması

Schooluniform

eğitim

Utbillen

ansiklopedi

Nakieksel

üniversite

Universität

mikroskop

Mikroskop

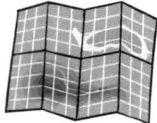

harita

Koort

kağıt çöp kutusu

Papeerkorf

seyahat
Törn

otel
Hotel
Grand
pansiyon
Harbarg
ROOMS
döviz bürosu
Wesselstuuv
EXCHANGE
bavul
Kuffer
otomobil
Auto

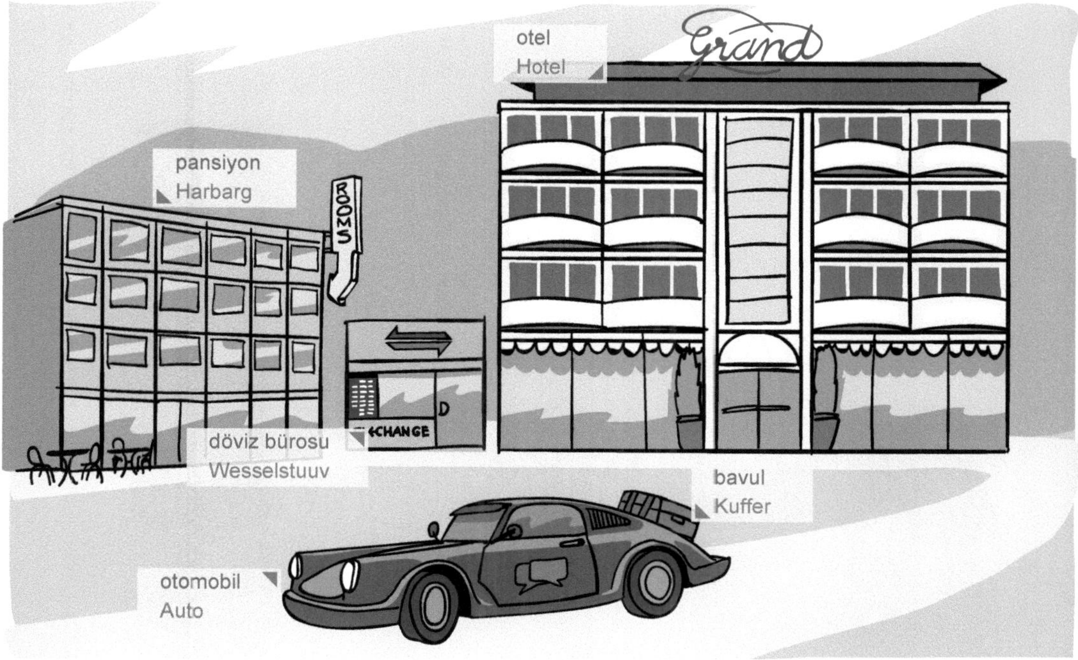

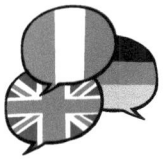

dil
Spraak

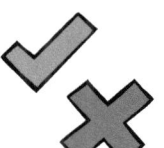

evet / hayır
jo / ne

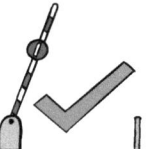

Tamam
Jo

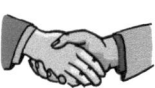

merhaba
Moin

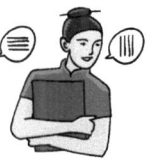

çevirmen
Översetter

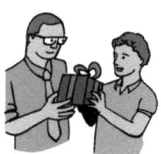

Teşekkür ederim
Dank ok

bu ... ne kadar?

Wat kost...?

anlamadım

Ik verstah nich

problem

Problem

İyi akşamlar!

Goden Avend

Günaydın!

Moin!

İyi geceler!

Gode Nacht!

güle güle

Tschüüs

yön

Richt

bagaj

Bagaasch

çanta

Tasch

sırt çantası

Rüchsack

misafir

Gast

oda

Stuuv

uyku tulumu

Slaapsack

çadır

Telt

turist danışma

Touristeninformatschoon

sahil

Strand

kredi kartı

Kreditkoort

kahvaltı

Fröhstück

öğle yemeği

Meddageten

akşam yemeği

Avendeten

Bilet

Fohrkort

asansör

Fohrstohl

pul

Breefmark

sınır

Grenz

gümrük

Toll

elçilik

Bottschop

vize

Visum

pasaport

Pass

ulaşım

Transport

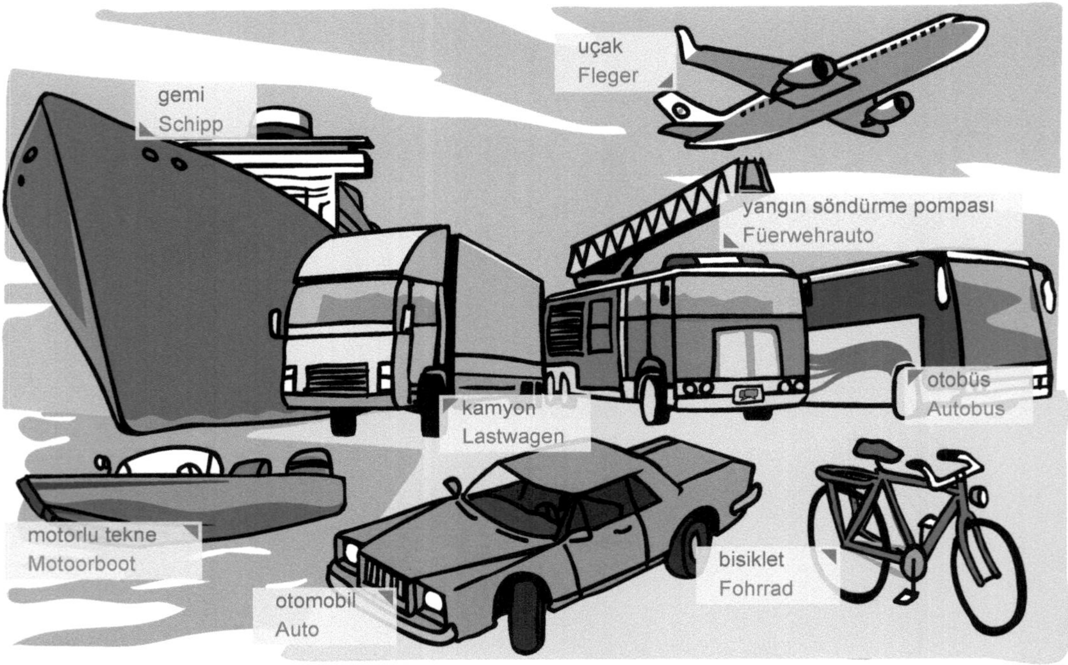
uçak
Fleger
gemi
Schipp
yangın söndürme pompası
Füerwehrauto
otobüs
Autobus
kamyon
Lastwagen
motorlu tekne
Motoorboot
bisiklet
Fohrrad
otomobil
Auto

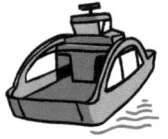

feribot

Fähr

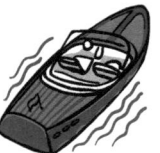

bot

Boot

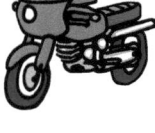

motosiklet

Motoorrad

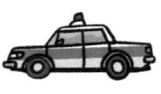

polis arabası

Polizeiauto

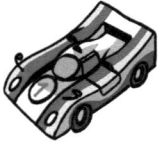

yarış arabası

Rönnauto

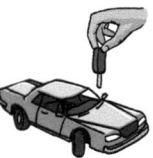

kiralık araba

Lehnwagen

ortak araba

Carsharing

çekici

Afsleepwagen

çöp kamyonu

Müllauto

motor

Motoor

yakıt

Kraftstoff

benzinlik

Tanksteed

trafik işareti

Verkehrsschild

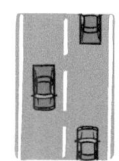

trafik

Verkehr

trafik sıkışıklığı

Stau

otopark

Afstellplatz

tren istasyonu

Bahnhoff

ray

Sporen

tren

Tog

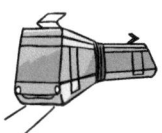

tramvay

Stratenbahn

vagon

Wagon

helikopter
Dwarsmöhl

havaalanı
Flooghaven

kule
Tower

yolcu
Fohrgast

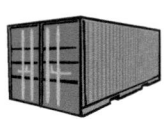

konteyner
Grootkist

koli
Karton

yük arabası
Koor

sepet
Korf

kalkış / iniş
starten / lannen

şehir
Stadt

köy
Dörp

şehir merkezi
Binnenstadt

ev
Huus

10 şehir - Stadt

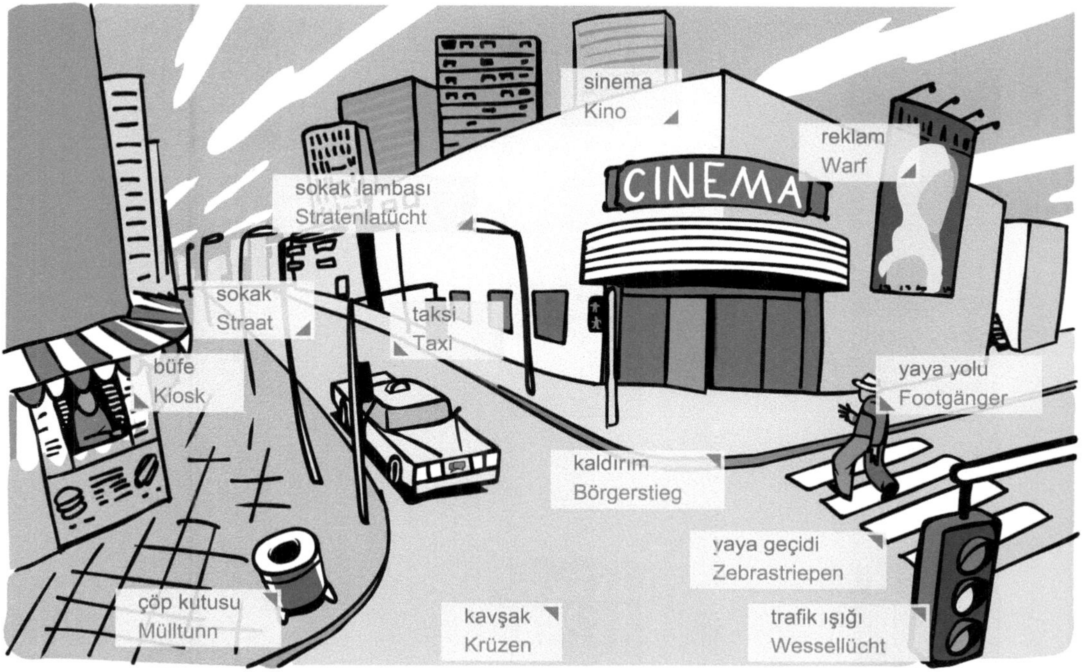
sinema
Kino
reklam
Warf
CINEMA
sokak lambası
Stratenlatücht
sokak
Straat
taksi
Taxi
büfe
Kiosk
yaya yolu
Footgänger
kaldırım
Börgerstieg
yaya geçidi
Zebrastriepen
çöp kutusu
Mülltunn
kavşak
Krüzen
trafik ışığı
Wessellücht

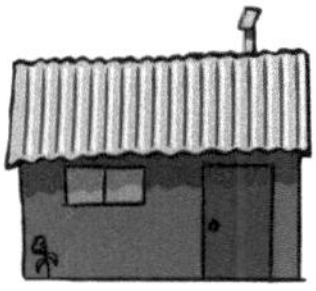

kulübe

Hütt

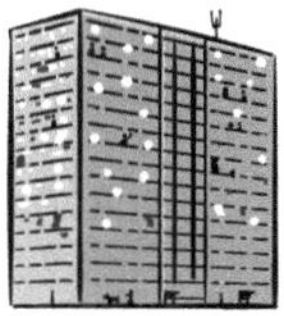

apartman dairesi

Wahnung

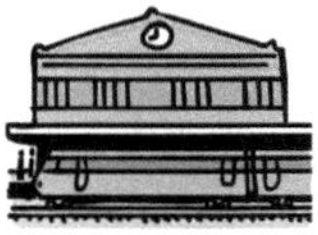

tren istasyonu

Bahnhoff

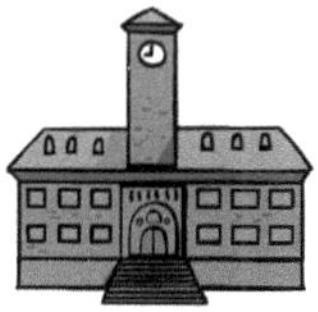

belediye binası

Raathuus

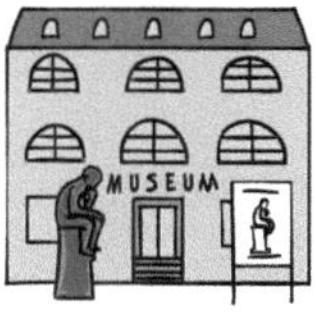
MUSEUM

müze

Museum

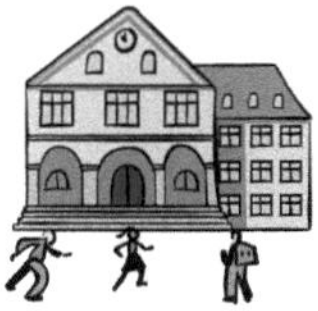

okul

School

üniversite

Universität

banka

Bank

hastane

Krankenhuus

otel

Hotel

eczane

Afteek

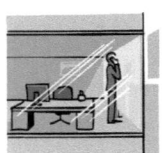

ofis

Büro

kitapçı

Bookhökerie

mağaza

Hökerie

çiçekçi

Blomenhökerie

süpermarket

Supermarkt

market

Markt

büyük mağaza

Koophuus

balık satıcısı

Fischhökerie

alışveriş merkezi

Inkoopszentrum

liman

Haven

park

Parkanlaag

bank

Bank

köprü

Brüch

merdiven

Trepp

metro

Ünnergrundbahn

tünel

Tunnel

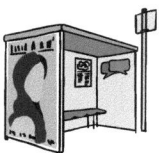

otobüs durağı

Busstoppsteed

bar

Bar

restoran

Spieslokal

posta kutusu

Breefkassen

sokak tabelası

Stratenschild

otopark sayacı

Parkklock

hayvanat bahçesi

Deertenpark

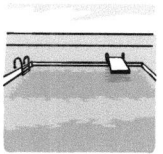

yüzme havuzu

Baadanstalt

cami

Moschee

çiftlik
Buernhoff

kirlilik
Ümweltversmudden

mezarlık
Karkhoff

kilise
Kark

oyun alanı
Speelplatz

tapınak
Tempel

arazi
Landschop

yaprak
Blatt

yön tabelası
Wiespahl

yol
Weg

çayır
Wisch

taş
Steen

ağaç
Boom

yürüyüşçü
Wannerer

ırmak
Fluss

çimen
Gras

çiçek
Bloom

vadi
Daal

tepe
Barg

göl
See

orman
Holt

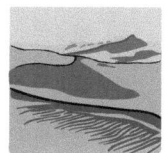

çöl
Wööst

volkan
Füerspien Barg

kale
Slott

gökkuşağı
Regenbagen

mantar
Poggenstohl

palmiye
Palm

sivrisinek
Steekmück

sinek
Fleeg

karınca
Miegeemk

arı
Imm

örümcek
Spinn

böcek

Sebber

kurbağa

Pogg

sincap

Katteker

kirpi

Swienegel

yabani tavşan

Haas

baykuş

Uul

kuş

Vagel

kuğu

Swaan

yaban domuzu

Wildswien

geyik

Hirsch

geyik

Elk

baraj

Staudamm

rüzgar türbini

Windrad

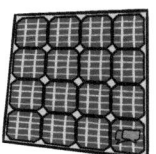

güneş paneli

Solarmodul

iklim

Klima

Spieslokal

garson
Kellner
menü
Spieskoort
sandalye
Stohl
çorba
Supp
pizza
Pizza
masa örtüsü
Dischdeek
çatal - bıçak
Bestick

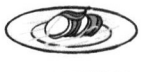

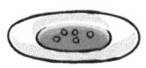

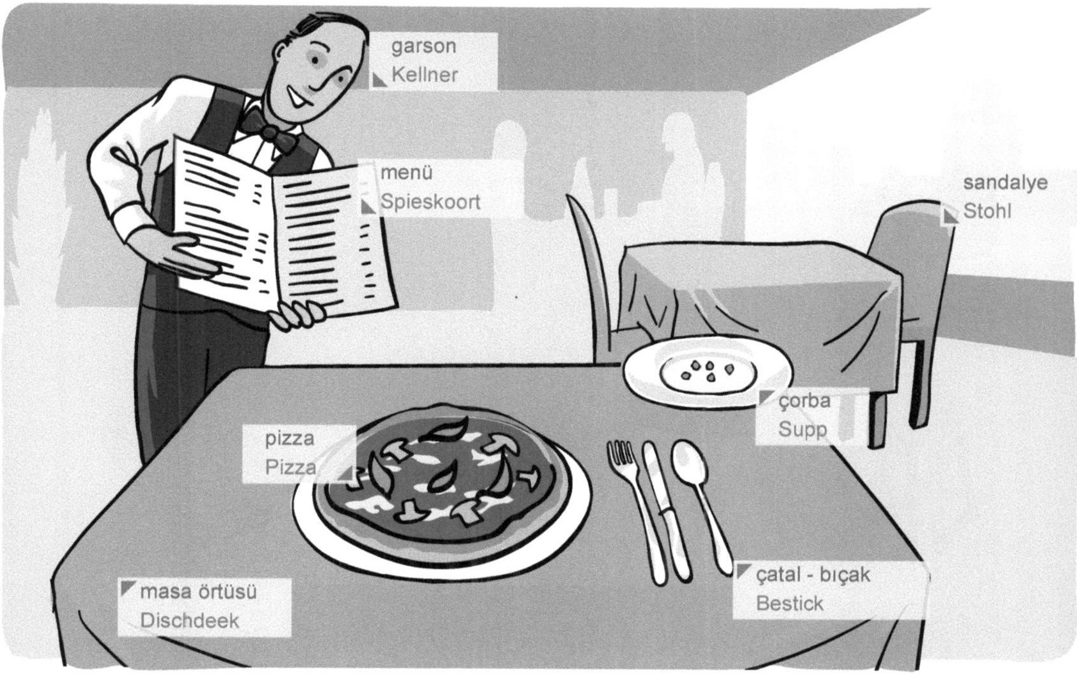

başlangıç

Vörspies

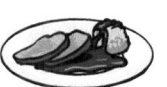

ana yemek

Haupteten

tatlı

Nadisch

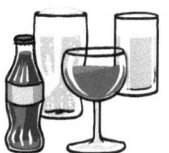

içecekler

Drünk

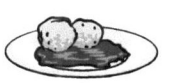

yemek

Eten

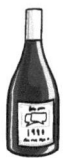

şişe

Buddel

fastfood

Fastfood

sokak yemeği

Strateneten

çaydanlık

Teekann

şekerlik

Zuckerdoos

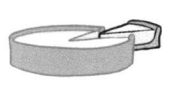

porsiyon

Portschoon

espresso makinesi

Espressomaschien

mama sandalyesi

Hoochstohl

fatura

Reken

tepsi

Tablett

bıçak

Mess

çatal

Gavel

kaşık

Lepel

çay kaşığı

Teelepel

servis peçetesi

Munddook

bardak

Glas

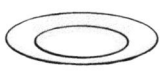

tabak

Töller

çorba kasesi

Suppentöller

fincan altlığı

Ünnertass

sos

Sooß

tuzluk

Soltstreuer

karabiber değirmeni

Pepermöhl

sirke

Etig

yağ

Ööl

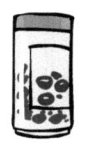

baharat

Krüder

ketçap

Ketchup

hardal

Mostrich

mayonez

Mayonnaise

süpermarket
Supermarkt

özel teklif
Anbott
FOR
müşteri
Kunn
süt ürünleri
Melkprodukten
meyve
Aaft
alışveriş arabası
Inkoopswagen

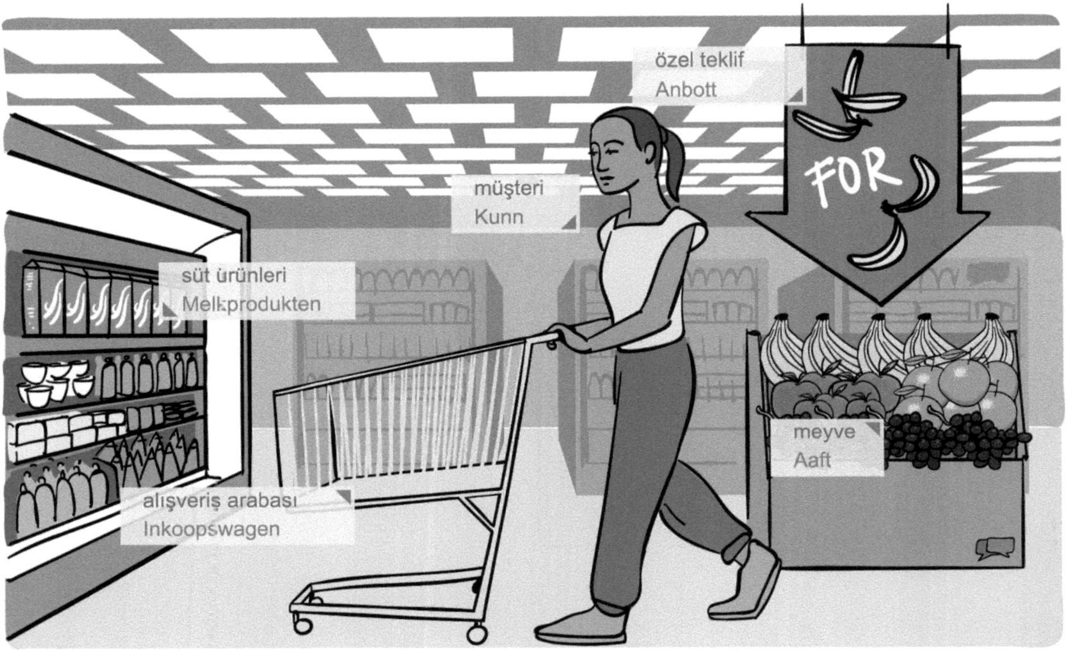

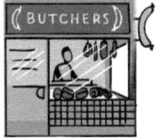

BUTCHERS

kasap
Slachterie

BAKERY

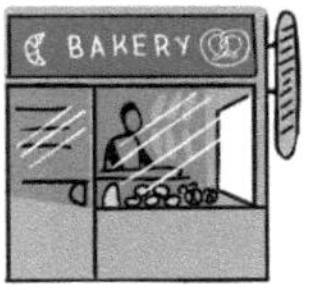

fırın
Bäckerie

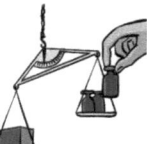

tartmak
wegen

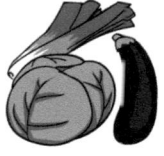

sebze
Gröönsaken

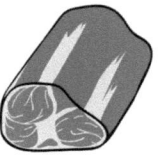

et
Fleesch

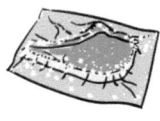

donmuş gıda
Deepköhlkost

söğüş et

Opsnitt

konserve yiyecek

Konserven

toz deterjan

Waschmiddel

şekerlemeler

Snoopkraam

ev temizlik ürünleri

Huushooltssaken

temizlik ürünleri

Reinmaaktüüch

satış görevlisi

Verköpersche

yazar kasa

Kass

kasiyer

Kasserer

alışveriş listesi

Inkoopslist

açılış saatleri

Opsparrtieden

cüzdan

Breeftasch

kredi kartı

Kreditkoort

çanta

Tasch

plastik poşet

Plastiktüüt

su

Water

meyve suyu

Saft

süt

Melk

kola

Cola

şarap

Wien

bira

Beer

alkol

Spriet

kakao

Kakao

çay

Tee

kahve

Koffie

espresso

Espresso

kapuçino

Cappucino

muz

Banaan

elma

Appel

portakal

Appelsien

kavun

Meloon

limon

Zitroon

havuç

Wöttel

sarımsak

Knuuvlook

bambu

Bambus

soğan

Zibbel

mantar

Poggenstohl

çerez

Nööt

makarna

Nudeln

spagetti

Spaghetti

pirinç

Ries

salata

Salat

cips

Pommes frites

patates kızartması

Braadkantüffeln

pizza

Pizza

hamburger

Hamborger

sandviç

Sandwich

şinitzel

Snitzel

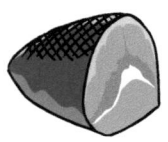

pastırma

Schinken

salam

Salami

sosis

Wust

tavuk

Hohn

rosto

Braden

balık

Fisch

yulaf ezmesi

Haverflocken

müsli

Müsli

mısır gevreği

Cornflakes

un

Mehl

kruvasan

Croissant

küçük ekmek

Rundstück

ekmek

Broot

tost

Toast

bisküvi

Keksen

tereyağı

Botter

kaymak

Quark

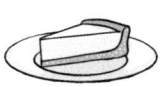

kek

Koken

yumurta

Ei

sahanda yumurta

Spegelei

peynir

Kees

dondurma
les

şeker
Zucker

bal
Honnig

reçel
Marmelaad

fındık ezmesi
Nougat-Creme

köri
Curry

çiftlik
Buernhoff

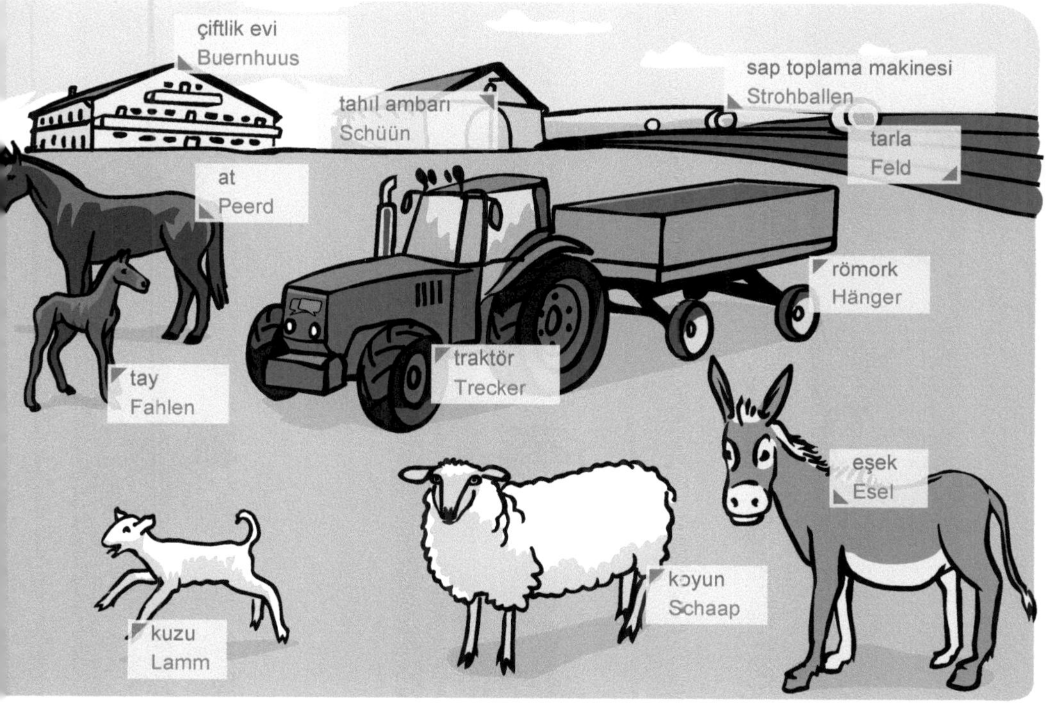
çiftlik evi
Buernhuus
tahıl ambarı
Schüün
sap toplama makinesi
Strohballen
tarla
Feld
at
Peerd
römork
Hänger
traktör
Trecker
tay
Fahlen
eşek
Esel
koyun
Schaap
kuzu
Lamm

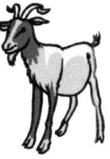

keçi
Zeeg

inek
Koh

buzağı
Kalf

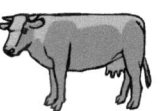

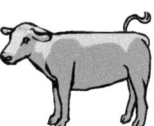

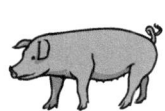

domuz
Swien

domuz yavrusu
Farken

boğa
Bull

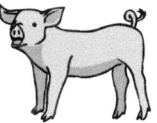

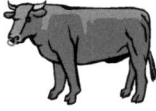

kaz

Goos

ördek

Aant

civciv

Küken

tavuk

Hohn

horoz

Hahn

sıçan

Rott

kedi

Katt

fare

Muus

öküz

Oss

köpek

Hund

köpek kulübesi

Hunnenhütt

bahçe hortumu

Goornslauch

sulama kabı

Geetkann

tırpan

Lee

pulluk

Ploog

orak

Sich

çapa

Hack

dirgen

Mestfork

balta

Ext

el arabası

Schuufkoor

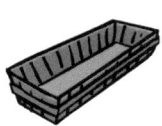

yemlik

Trog

süt kovası

Melkkann

çuval

Sack

çit

Tuun

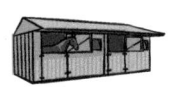

ahır

Stall

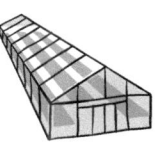

sera

Drievhuus

toprak

Bodden

tohum

Saat

gübre

Dünger

biçerdöver

Meihdöscher

hasat etmek
oornen

harman
Oorn

tatlı patates
Yamswöttel

buğday
Weten

soya
Soja

patates
Kantüffel

mısır
Törksche Weten

kolza
Rapp

meyve ağacı
Aaftboom

manyok
Troopsch Kantüffel

hububat
Koorn

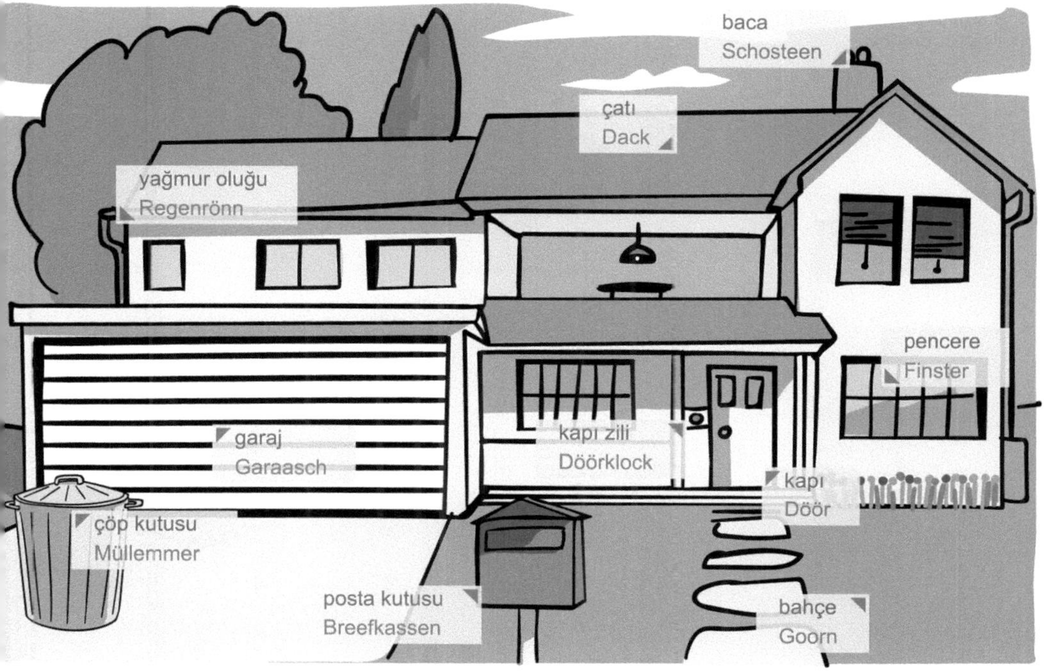

baca
Schosteen

çatı
Dack

yağmur oluğu
Regenrönn

pencere
Finster

garaj
Garaasch

kapı zili
Döörklock

kapı
Döör

çöp kutusu
Müllemmer

posta kutusu
Breefkassen

bahçe
Goorn

oturma odası
Wahnstuuv

banyo
Baadstuuv

mutfak
Köök

yatak odası
Slaapstuuv

çocuk odası
Kinnerstuuv

yemek odası
Eetstuuv

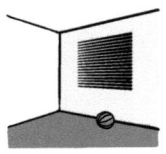

zemin

Footbodden

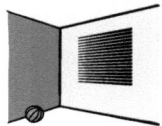

duvar

Wand

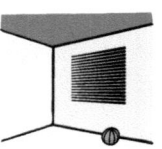

tavan

Deek

kiler

Keller

sauna

Hittluftbad

balkon

Balkon

teras

Terrass

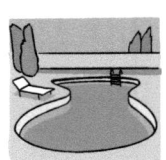

havuz

Swümmbad

çim biçme makinesi

Rasenmeiher

çarşaf

Bettbetog

yatak örtüsü

Bettdeek

yatak

Puuch

süpürge

Bessen

kova

Emmer

anahtar

Schalter

oturma odası
Wahnstuuv

duvar kağıdı
Tapeet
resim
Bild
lamba
Lam p
raf
Regal
do ap
Schapp
televizyon
Kiekkassen
şömine
Kamin
çiçek
Bloom
minder
Küssen
kanepe
Sofa
vazo
Vaas
uzaktan kumanda
Feern?edenen

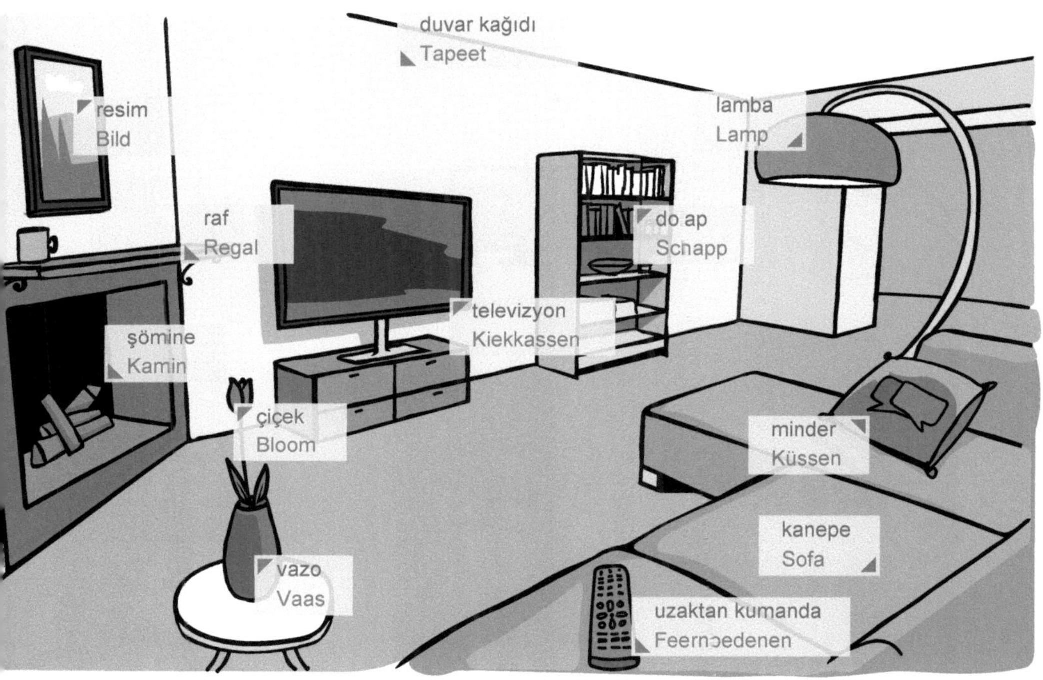

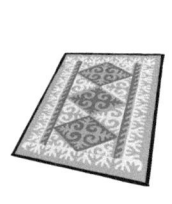

halı

Teppich

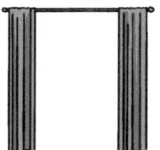

perde

Vörhang

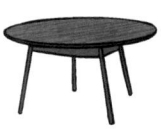

masa

Disch

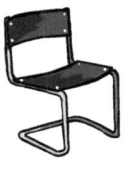

sandalye

Stohl

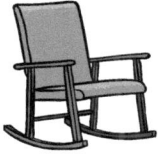

salıncaklı koltuk

Schuckelstohl

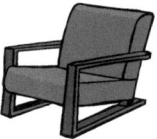

koltuk

Sessel

kitap

Book

battaniye

Deek

dekor

Dekoratschoon

odun

Füerholt

film

Film

hi-fi

Stereoanlaag

anahtar

Slötel

gazete

Narichtenblatt

tablo

Gemälde

poster

Poster

radyo

Radio

defter

Opschrievblock

elektrikli süpürge

Huulbessen

kaktüs

Kaktus

mum

Kars

mutfak
Köök

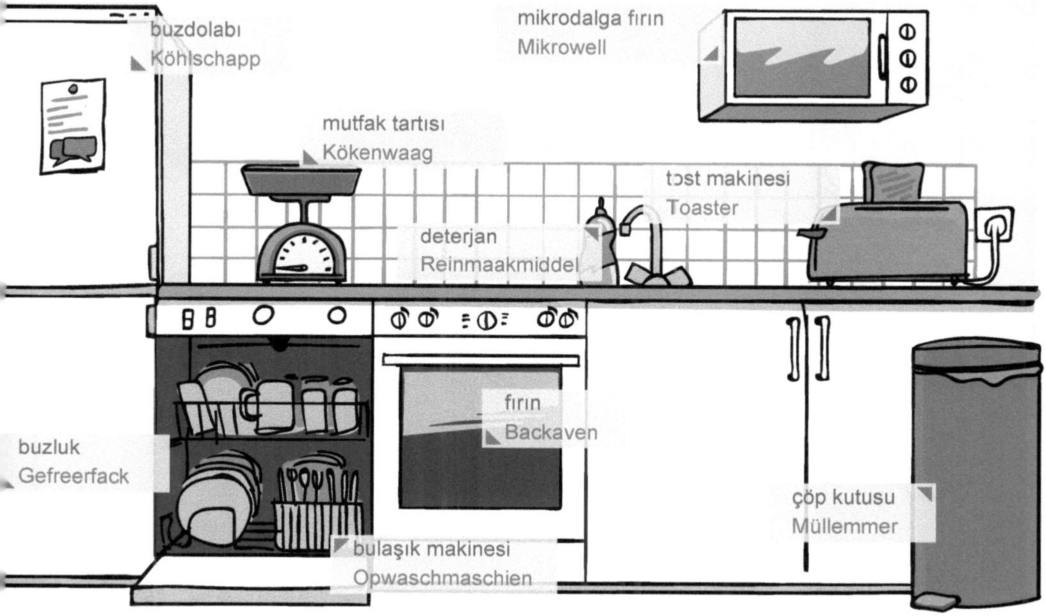

buzdolabı
Köhlschapp
mikrodalga fırın
Mikrowell
mutfak tartısı
Kökenwaag
tost makinesi
Toaster
deterjan
Reinmaakmiddel
fırın
Backaven
buzluk
Gefreerfack
çöp kutusu
Müllemmer
bulaşık makinesi
Opwaschmaschien

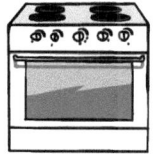

ocak

Heerd

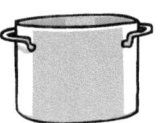

tencere

Pott

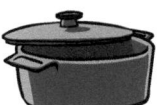

döküm tencere

Gussiesern Putt

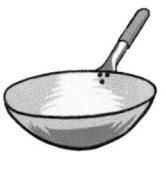

wok

Wok / Kadai

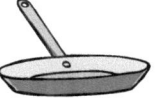

tava

Pann

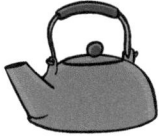

su ısıtıcı

Waterkaker

buharlı pişirici

Dampkaakputt

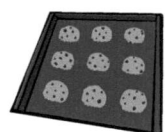

pişirme tepsisi

Backblick

tabak takımı

Geschirr

kupa

Beker

kase

Schaal

çubuk (çin yemeği)

Eetsticken

kepçe

Suppenkell

spatula

Pannenwenner

çırpma teli

Sneebessen

süzgeç

Kaakseef

elek

Seef

rende

Riev

havan

Mörser

barbekü

Grill

açık ateş

Füerstell

kesme tahtası

Sniedbrett

merdane

Nudelholt

tirbüşon

Proppentrecker

konserve kutusu

Doos

konserve açacağı

Dosenaapner

fırın eldiveni

Pottlappen

evye

Waschbecken

fırça

Böst

sünger

Swamm

blender

Mixer

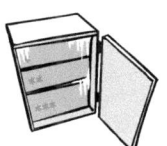

derin dondurucu

lesschapp

biberon

Nuckelbuddel

musluk

Waterhahn

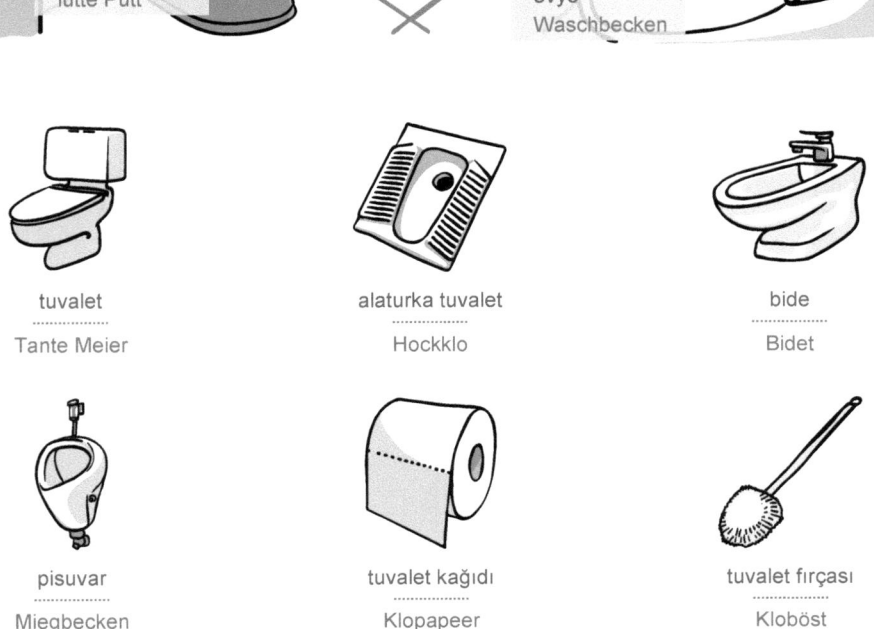

banyo
Baadstuuv

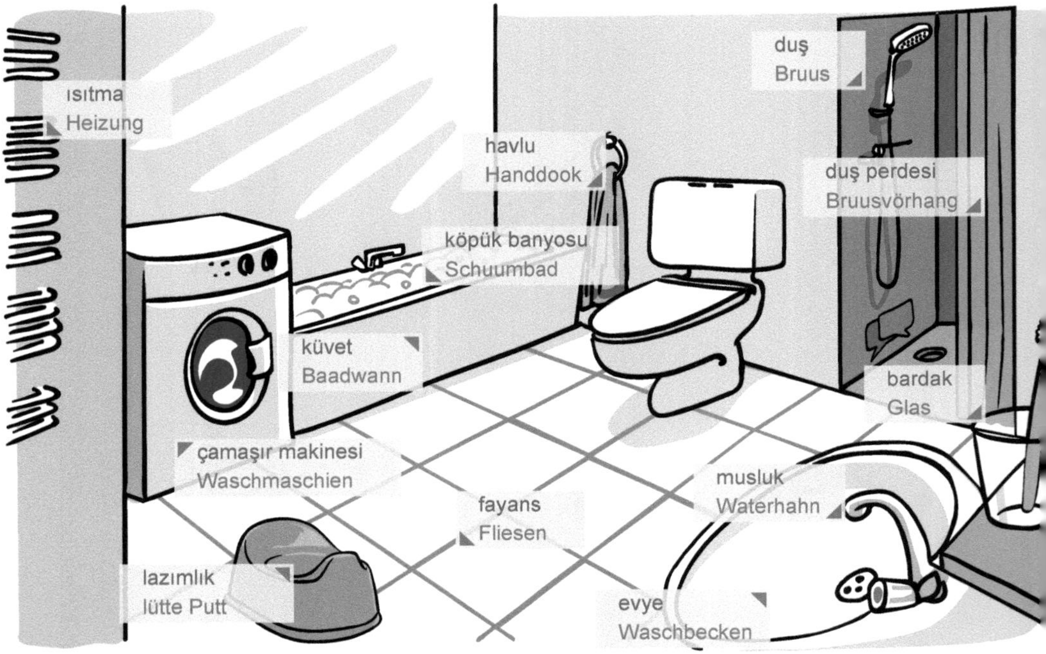
duş
Bruus
ısıtma
Heizung
havlu
Handdook
duş perdesi
Bruusvörhang
köpük banyosu
Schuumbad
küvet
Baadwann
bardak
Glas
çamaşır makinesi
Waschmaschien
musluk
Waterhahn
fayans
Fliesen
lazımlık
lütte Putt
evye
Waschbecken

tuvalet

Tante Meier

alaturka tuvalet

Hockklo

bide

Bidet

pisuvar

Miegbecken

tuvalet kağıdı

Klopapeer

tuvalet fırçası

Kloböst

diş fırçası

Tähnböst

diş macunu

Tähnpast

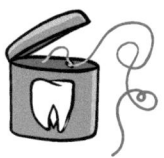

diş ipi

Tähnsied

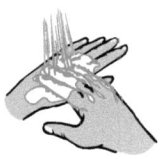

yıkamak

waschen

duş başlığı

Handbruus

duş başlığı şeklinde taharet musluğu

Intimbruus

küvet

Waschschöttel

banyo fırçası

Rüchböst

sabun

Seep

duş jeli

Bruusgeel

şampuan

Hoorwaschmiddel

banyo lifi

Waschlappen

gider

Afloop

krem

Creme

deodorant

Deodorant

ayna

Spegel

el aynası

Kosmetikspegel

jilet

Raserer

tıraş köpüğü

Raseerschuum

tıraş losyonu

Raseerwater

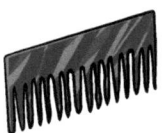

tarak

Kamm

fırça

Böst

saç kurutma makinesi

Hoordröger

saç spreyi

Hoorspray

makyaj

Smink

ruj

Lippensticken

tırnak cilası

Nagellack

pamuk

Watt

tırnak makası

Nagelscheer

parfüm

Rüükwater

makyaj çantası

Kulturbüdel

tabure

Schemel

tartı

Waag

bornoz

Baadmantel

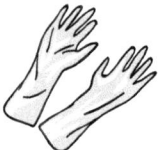

lastik eldiven

Gummihanschen

tampon

Tampon

kadın pedi

Damenbinn

kimyevi tuvalet

Chemieklo

çocuk odası
Kinnerstuuv

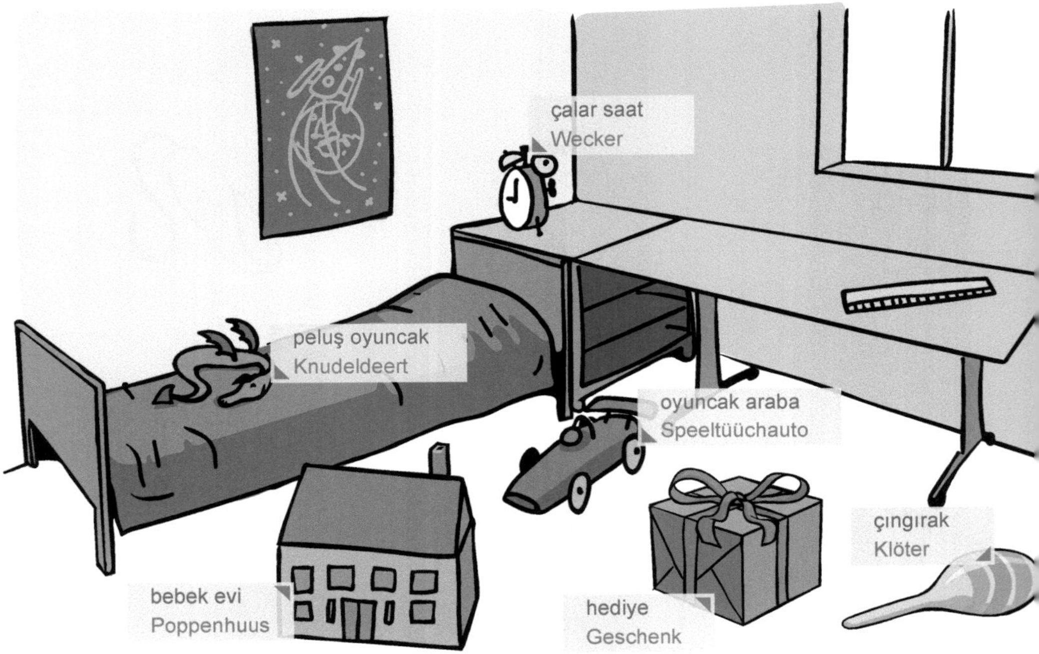

çalar saat
Wecker
peluş oyuncak
Knudeldeert
oyuncak araba
Speeltüüchauto
çıngırak
Klöter
bebek evi
Poppenhuus
hediye
Geschenk

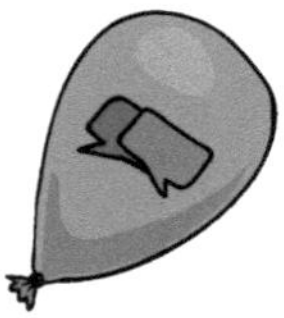

balon
....
Luftballon

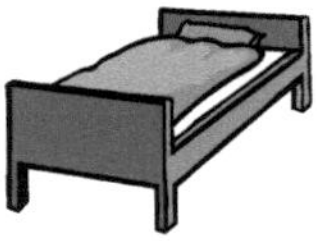

yatak
....
Puuch

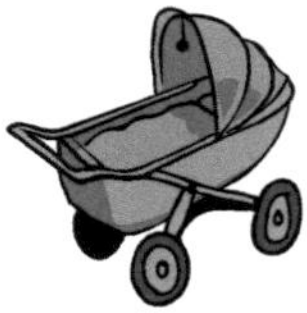

bebek arabası
....
Kinnerwagen

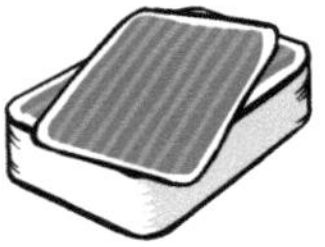

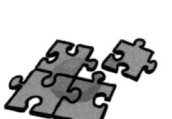

kart destesi
....
Koortenspeel

yapboz
....
Puzzle

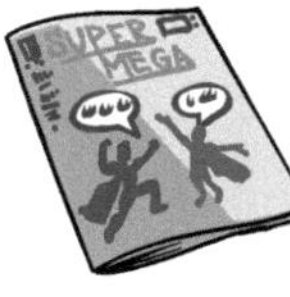

SUPER MEGA

çizgi roman
....
Billergeschicht

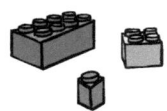

lego tuğlaları

Legostenen

lego blokları

Bustenen

aksiyon figürü

Action-Figur

zıbın

Strampelantog

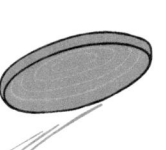

frizbi

Frisbeeschiev

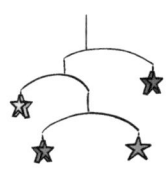

dönence

Mobile

masa oyunu

Brettspeel

zar

Wörpel

model tren seti

Modelliesenbahn

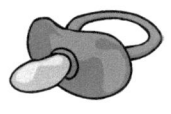

emzik

Snuller

parti

Party

resimli kitap

Billerbook

top

Ball

oyuncak bebek

Popp

oynamak

spelen

kum havuzu

Sandkassen

salıncak

Schuckel

oyuncaklar

Speeltüüch

video oyun konsolu

Speelkonsool

üç tekerlekli bisiklet

Dreerad

oyuncak ayı

Teddyboor

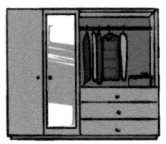

gardırop

Klederschapp

kıyafet
Tüüch

çorap

Socken

külotlu çorap

Strümp

tayt

Strumpbüx

eşarp
Halsdook

kemer
Liefreem

şemsiye
Paraplü

tişört
T-Shirt

spor ayakkabı
Turnschoh

bot
Stevel

terlik
Puuschen

sandalet
Sandalen

ayakkabı
Schoh

lastik çizme
Gummistevel

külot
Ünnerbüx

sütyen
Bostholler

yelek
Ünnerhemd

dar bluz
....
Lief

pantolon
....
Büx

kot pantolon
....
Jeansnüx

etek
....
Rock

bluz
....
Bluus

gömlek
....
Hemd

kazak
....
Pullover

süveter
....
Kapuzenpullover

blazer
....
Blazer

ceket
....
Jack

mont
....
Mantel

yağmurluk
....
Övertrecker

kostüm
....
Kostüm

elbise
....
Kleed

gelinlik
....
Hochtietskleed

kıyafet - Tüüch

takım elbise

Antog

gecelik

Nachtkleed

pijama

Slaapantog

sari

Sari

baş örtüsü

Koppdook

türban

Turban

burka

Burka

kaftan

Kaftan

çarşaf

Abaya

mayo

Baadantog

erkek mayosu

Baadbüx

şort

Korte Büx

eşofman

Antog to'n Öven

önlük

Schört

eldiven

Handschoh

düğme

Knopp

gözlük

Brill

bilezik

Armband

kolye

Halskeed

yüzük

Ring

küpe

Ohrbummel

kep

Mütz

portmanto

Klederbögel

şapka

Hoot

kravat

Binner

fermuar

Rietslüter

kask

Helm

pantolon askısı

Drachtband

okul forması

Schooluniform

üniforma

Uniform

mama önlüğü
Severböten

emzik
Snuller

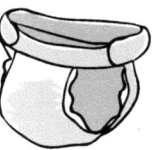

bebek bezi
Winnel

ofis
Büro

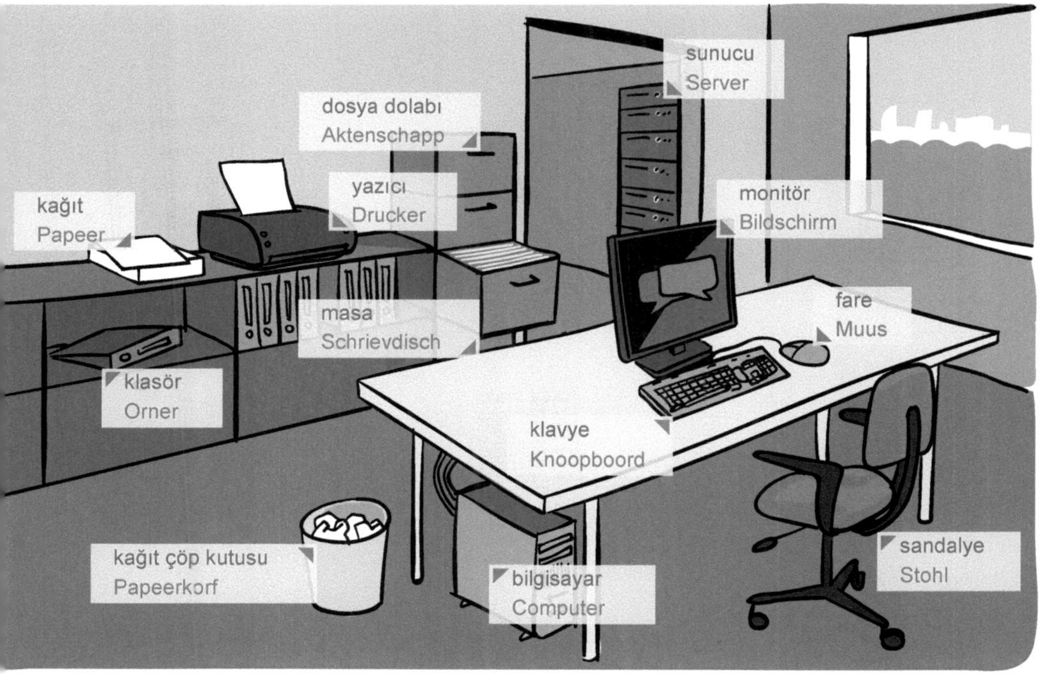

dosya dolabı
Aktenschapp

sunucu
Server

yazıcı
Drucker

monitör
Bildschirm

kağıt
Papeer

masa
Schrievdisch

fare
Muus

klasör
Orner

klavye
Knoopboord

kağıt çöp kutusu
Papeerkorf

bilgisayar
Computer

sandalye
Stohl

kahve fincanı
Koffiebeker

hesap makinesi
Taschenreekner

internet
Internet

dizüstü

Klappreekner

mektup

Breef

mesaj

Naricht

cep telefonu

Ackersnacker

ağ

Nettwark

fotokopi makinesi

Kopeerapparat

yazılım

Software

telefon

Klöönkassen

priz

Steekdoos

faks makinesi

Faxapparat

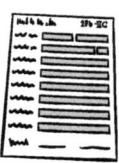

form

Formulor

belge

Dokument

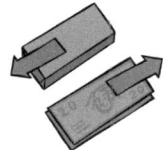

satın almak

köpen

ödemek

betahlen

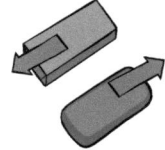

ticaret yapmak

hanneln

para

Geld

 **USD**

dolar

Dollar

 **EUR**

avro

Euro

 **JPY**

yen

Yen

 **RUB**

ruble

Ruvel

 CHF

İsviçre frangı

Swiezer Franken

 **CNY**

Çin yuanı

Renminbi Yuan

 **INR**

rupi

Rupie

kasa

Geldautomat

döviz bürosu

Wesselstuuv

altın

Gold

gümüş

Sülver

petrol

Ööl

enerji

Energie

fiyat

Pries

kontrat

Verdrag

vergi

Stüer

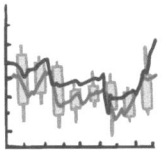

menkul değer

Andeelschien

çalışmak

arbeiden

işveren

Anstellte

işçi

Arbeitgever

fabrika

Fabrik

mağaza

Hökerie

polis memuru
Wachtmeester

itfaiyeci
Füerwehrmann

aşçı
Kock

doktor
Dokter

pilot
Fleger

bahçıvan
Goorner

marangoz
Discher

terzi
Neihersche

hakim
Richter

kimyager
Chemiker

aktör
Schauspeler

otobüs şoförü

Busfohrer

taksi şoförü

Taxifohrer

balıkçı

Fischer

temizlikçi

Reinmaakfru

çatı ustası

Dackdecker

garson

Kellner

avcı

Jäger

boyacı

Maler

fırıncı

Bäcker

elektrikçi

Elektriker

inşaatçı

Buarbeider

mühendis

Ingenieur

kasap

Slachter

muslukçu

Klempner

postacı

Postbüdel

asker

Suldat

mimar

Architekt

kasiyer

Kasserer

çiçekçi

Florist

kuaför

Putzbüdel

kondüktör

Schaffner

tamirci

Mechaniker

kaptan

Kaptein

dişçi

Tähndokter

bilim insanı

Wetenschopler

haham

Rabbi

imam

Imam

keşiş

Mönk

rahip

Paap

aletler

Warktüüch

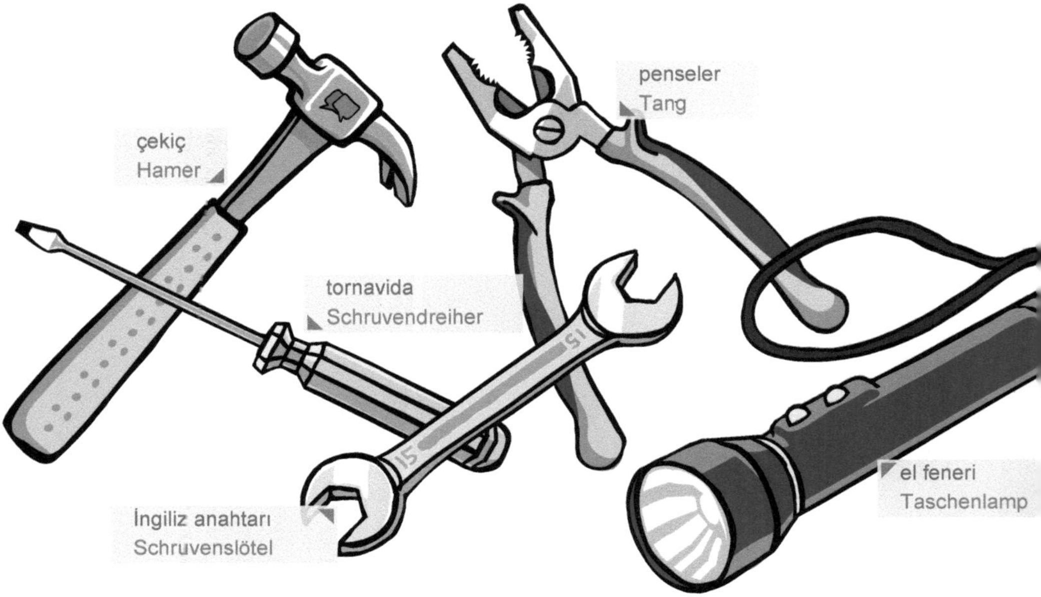

çekiç
Hamer
penseler
Tang
tornavida
Schruvendreiher
İngiliz anahtarı
Schruvenslötel
el feneri
Taschenlamp

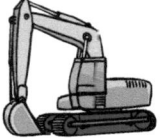

kazı makinesi

Grieper

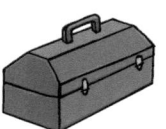

alet çantası

Warktüüchkassen

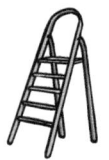

merdiven

Ledder

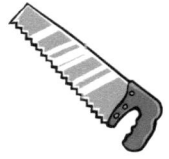

testere

Saag

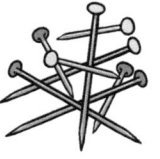

çiviler

Nagels

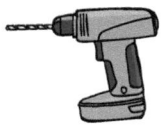

matkap

Bohrer

tamir etmek
heelmaken

kürek
Schüffel

Kahretsin!
Schiet!

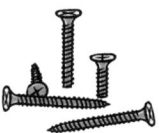

faraş
Kehrblick

boya tenekesi
Farvpott

vidalar
Schruven

müzik enstrümanı
Musikinstrumenten

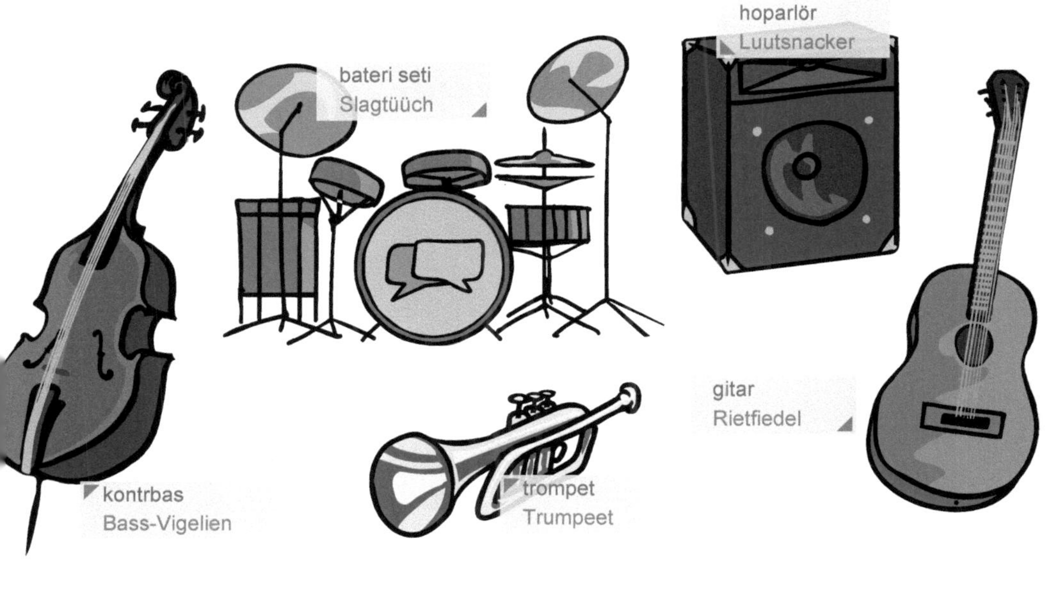

hoparlör
Luutsnacker

bateri seti
Slagtüüch

gitar
Rietfiedel

kontrbas
Bass-Vigelien

trompet
Trumpeet

piyano

Klaveer

keman

Vigelien

basgitar

Bass

timpani

Pauk

bateri

Trummeln

klavye

Keyboard

saksafon

Saxophon

flüt

Fleut

mikrofon

Mikrofoon

hayvanat bahçesi
Deertenpark

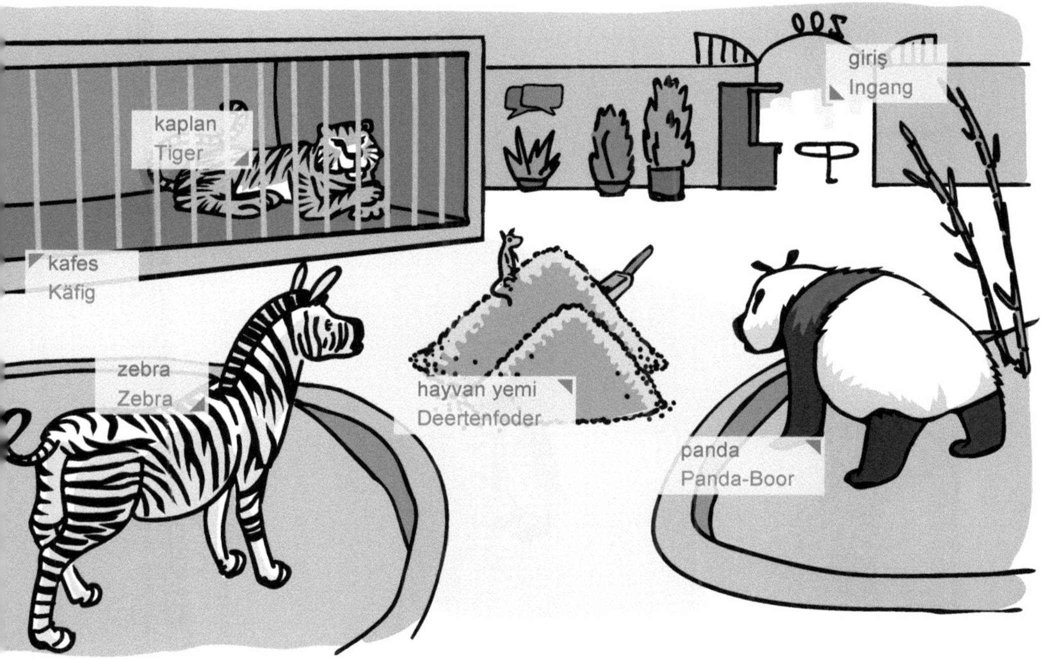

giriş
Ingang
kaplan
Tiger
kafes
Käfig
zebra
Zebra
hayvan yemi
Deertenfoder
panda
Panda-Boor

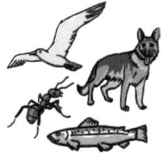

hayvanlar

Deerten

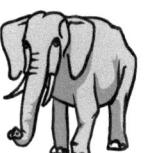

fil

Elefant

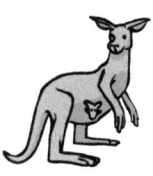

kanguru

Känguru

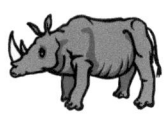

gergedan

Neeshoorn

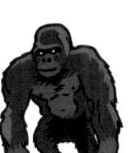

goril

Gorilla

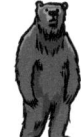

ayı

Boor

deve
Kameel

deve kuşu
Struuß

aslan
Lööv

maymun
Aap

flamingo
Flamingo

papağan
Papagoi

kutup ayısı
lesboor

penguen
Pinguin

köpek balığı
Haifisch

tavus kuşu
Pageluun

yılan
Slang

timsah
Krokodil

hayvanat bahçesi görevlisi

Oppasser in'n Deertenpark

fok
Saalhund

jaguar
Jaguor

midilli atı

Pony

leopar

Leopard

su aygırı

Nilpeerd

zürafa

Giraff

kartal

Aadler

yaban domuzu

Wildswien

balık

Fisch

kaplumbağa

Schildkrööt

mors

Walross

tilki

Voss

ceylan

Gazell

amerikan futbolu
Amerikaansch Football

bisiklete binme
Radfohren

tenis
Tennis

basketbol
Korfball

yüzme
Swümmen

buz hokeyi
Ieshockey

boks
Boxen

futbol
Football

badminton
Fedderball

atletizm
Leichtathletik

hentbol
Handball

kayak
Skilopen

polo
Polo

etkinlikler
Aktivitäten

atlamak
springen
sarılmak
ümarmen
gülmek
lachen
yürümek
gahn
söylemek
singen
hayal etmek
drömen
dua etmek
beden
öpmek
snuteln

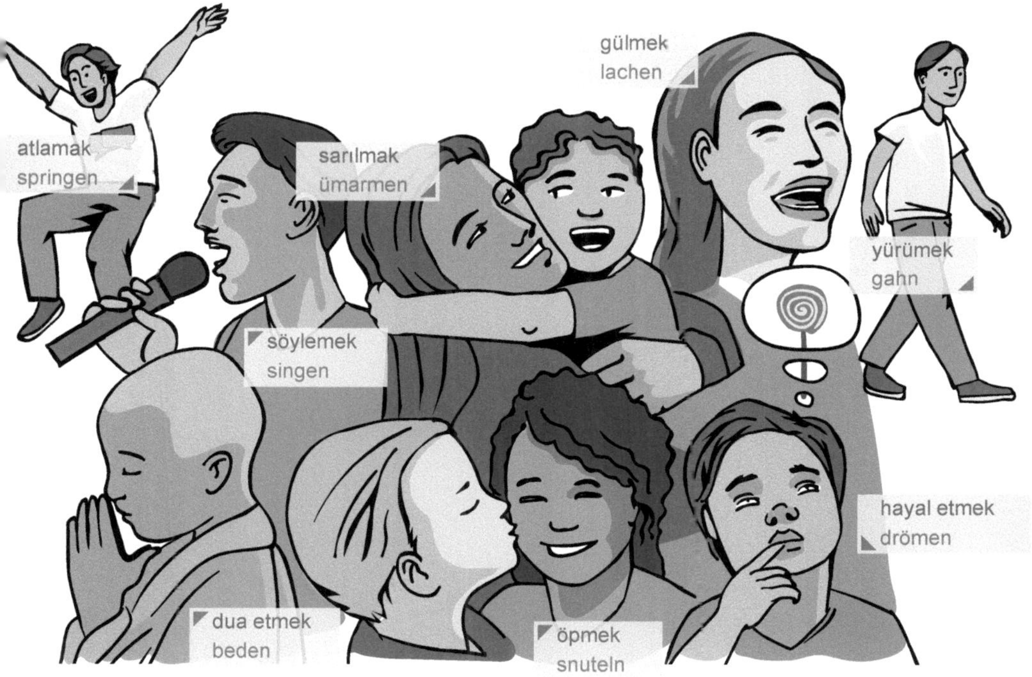

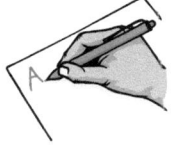

yazmak
....
schrieven

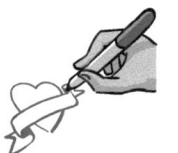

çizmek
....
teken

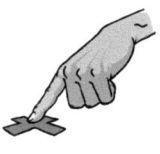

göstermek
....
wiesen

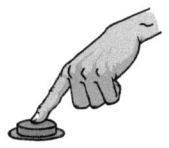

itmek
....
drücken

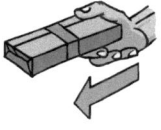

vermek
....
geven

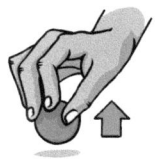

almak
....
nehmen

sahip olmak

hebben

yapmak

doon

olmak

sien

ayakta durmak

stahn

koşmak

lopen

çekmek

trecken

atmak

smieten

düşmek

fallen

yalan söylemek

liggen

beklemek

töven

taşımak

dregen

oturmak

sitten

giyinmek

antrecken

uyumak

slapen

uyanmak

opwaken

bakmak

ankieken

ağlamak

wenen

vurmak

eien

taramak

kämmen

konuşmak

snacken

anlamak

verstahn

sormak

fragen

dinlemek

hören

içmek

drinken

yemek

eten

düzenlemek

oprümen

sevmek

leefhebben

pişirmek

kaken

sürmek

fohren

uçmak

flegen

denize açılmak
segeln

hesapla
reken

okumak
lesen

öğrenmek
lehren

çalışmak
arbeiden

evlenmek
de Plünnen tohoopsmieten

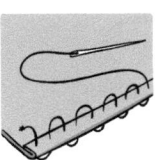

dikmek
neihen

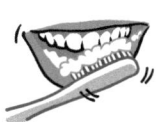

diş fırçalamak
Tähnen putzen

öldürmek
dootmaken

sigara içmek
smöken

yollamak
schicken

büyükanne
Grootmoder

büyükbaba
Grootvadder

baba
Vadder

anne
Moder

bebek
Winnelkind

kız
Dochter

oğul
Söhn

misafir
Gast

teyze
Tant

amca
Unkel

erkek kardeş
Broder

kız kardeş
Süster

vücut

Lief

alın
Vörkopp
göz
Oog
omuz
Schuller
parmak
Finger
yüz
Gesicht
çene
Kinn
el
Hand
bacak
Been
göğüs
Bost
kol
Arm

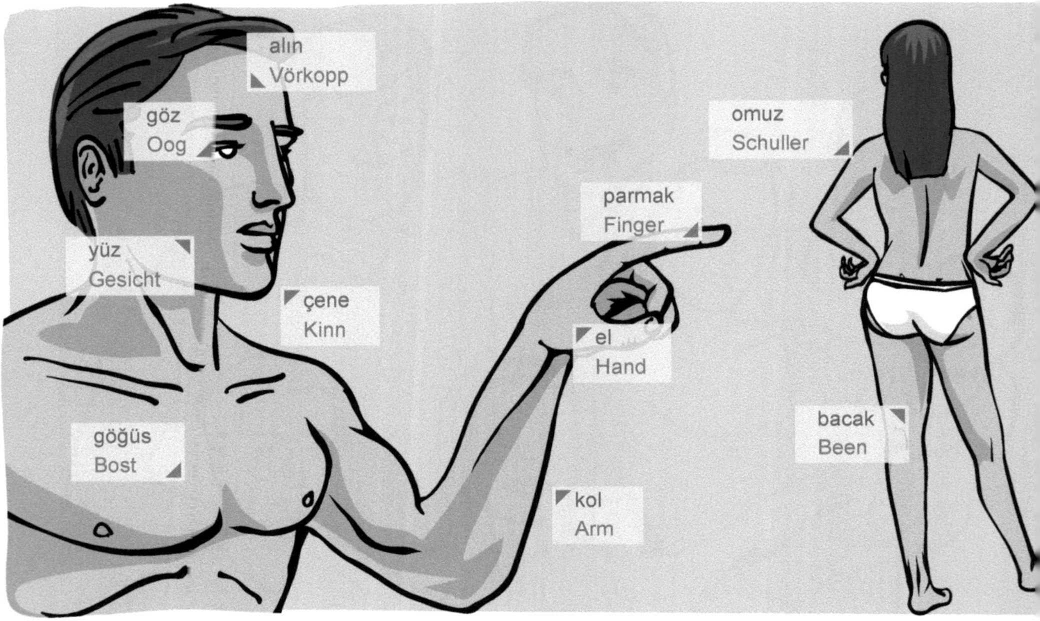

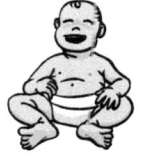

bebek

Winnekind

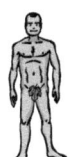

adam

Mann

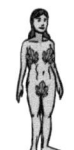

kadın

Fro

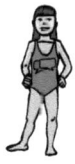

kız

Deern

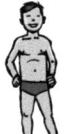

erkek çocuk

Jung

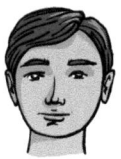

baş

Arm

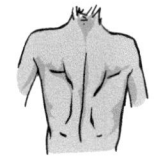

sırt

Rüch

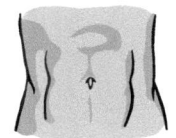

karın

Buuk

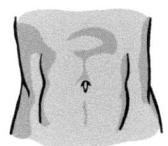

göbek

Navel

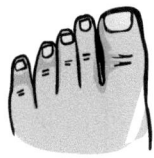

ayak parmağı

Teh

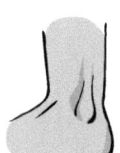

topuk

Hack

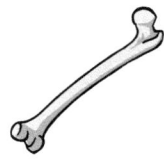

kemik

Knaken

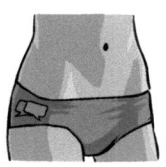

kalça

Hüft

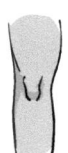

diz

Knee

dirsek

Ellbagen

burun

Nees

kalça

Achtersen

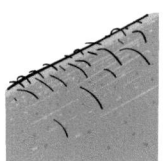

deri

Huut

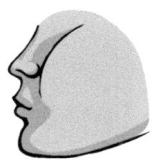

yanak

Back

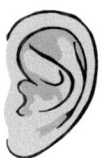

kulak

Ohr

dudak

Lipp

ağız

Mund

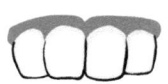

diş

Tähn

dil

Tung

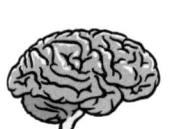

beyin

Bregen

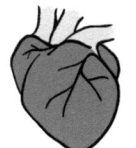

kalp

Hart

kas

Muskel

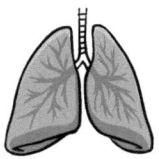

akciğer

Lung

karaciğer

Lever

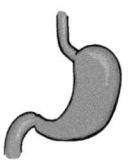

mide

Maag

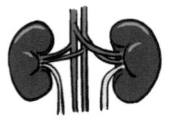

böbrekler

Neren

seks

Bislaap

prezervatif

Kondoom

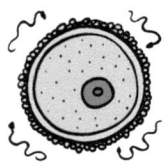

yumurtalık

Eizell

sperm

Sperma

hamilelik

Anner Ümstänn

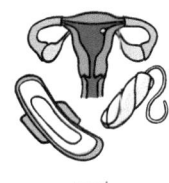

regl
....
Menstruatschoon

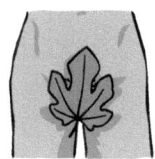

vajina
....
Scheed

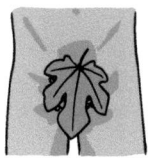

penis
....
Pint

kaş
....
Ogenbroe

saç
....
Hoor

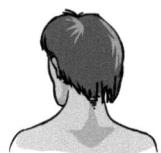

boyun
....
Hals

hastane

Krankenhuus

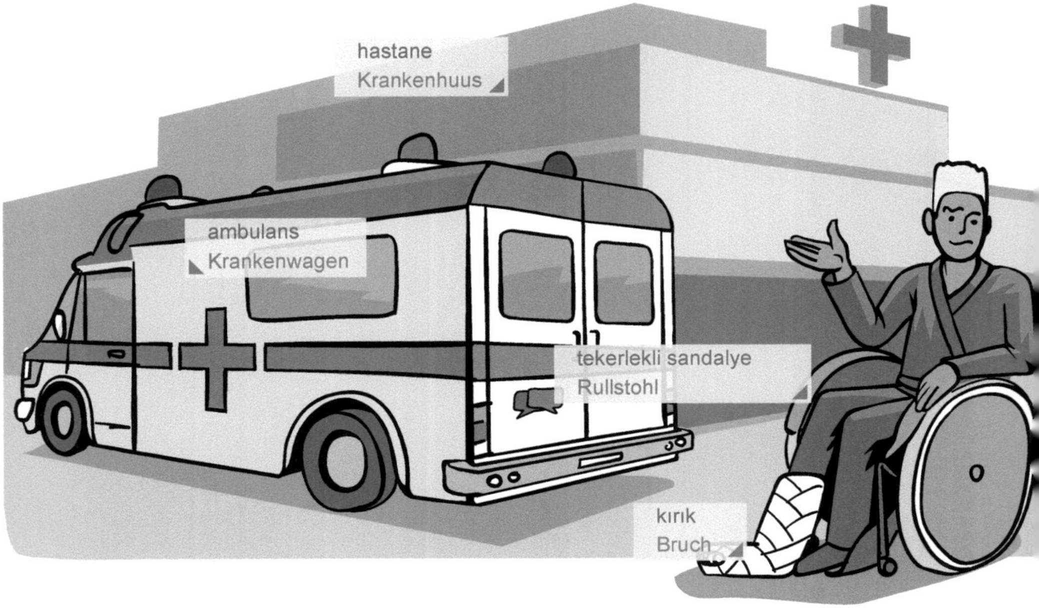

hastane
Krankenhuus
ambulans
Krankenwagen
tekerlekli sandalye
Rullstohl
kırık
Bruch

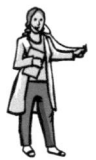

doktor

Dokter

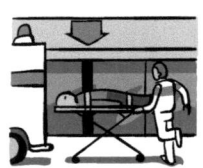

acil servis

Nootopnahm

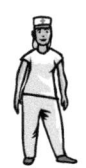

hemşire

Krankensüster

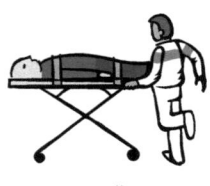

acil

Nootfall

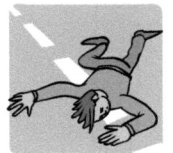

baygın

ahnmächtig

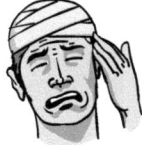

acı

Wehdaag

yaralanma

Verwunnen

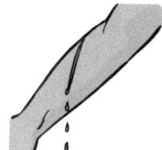

kanama

Blöden

kalp krizi

Hartinfarkt

felç

Slaganfall

alerji

Allergie

öksürük

Hoosten

ateş

Fever

grip

Gripp

ishal

Dörchfall

baş ağrısı

Koppwehdaag

kanser

Kreeft

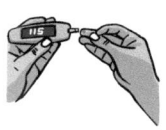

şeker hastalığı

Zuckersüük

cerrah

Chirurg

neşter

Chirurgsch Mess

operasyon

Operatschoon

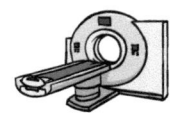

bilgisayarlı tomografi

CT

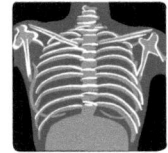

röntgen

Dörchlüchten

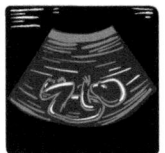

ultrason

Ultraschall

yüz maskesi

Mask

hastalık

Krankheit

bekleme odası

Töövruum

koltuk değneği

Krück

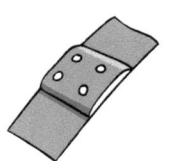

yara bandı

Plaaster

bandaj

Verband

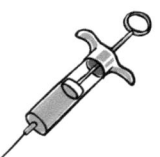

enjeksiyon

Insprütten

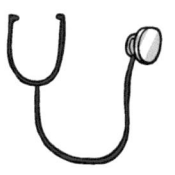

steteskop

Stethoskop

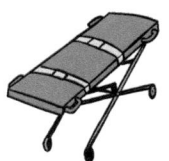

sedye

Draag

tıbbi termometre

Feverthermometer

doğum

Geboort

fazla kilo

Övergewicht

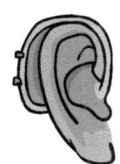

işitme cihazı

Höörapparat

dezenfektan

Kiemfriemiddel

enfeksiyon

Ansteken

virüs

Virus

HIV / AIDS

HIV / AIDS

ilaç

Heelmiddel

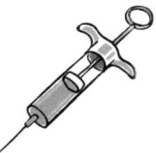

aşı

Impen

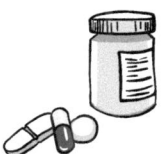

tablet

Tabletten

hap

Pill

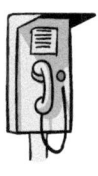

acil çağrı

Nootroop

tansiyon aleti

Blootdruck-Meter

hasta / sağlıklı

krank / gesund

İmdat!

Hölp!

alarm

Alarm

darp

Överfall

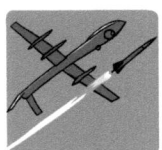

saldırı

Angreep

tehlike

Gefohr

acil çıkış

Nootutgang

Yangın!

Füer!

yangın tüpü

Füerlöscher

kaza

Unfall

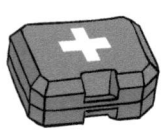

ilk yardım çantası

Noothölpkoffer

imdat

SOS

polis

Polizei

Avrupa
Europa

Kuzey Amerika
Noordamerika

Güney amerika
Süüdamerika

Afrika
Afrika

Asya
Asien

Avustralya
Australien

Atlantik
Atlantik

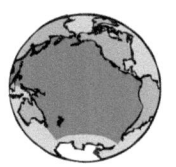

Pasifik
Pazifik

Hint Okyanusu
Indisch Weltmeer

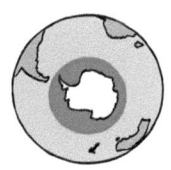

Antarktika Okyanusu
Antarktisch Weltmeer

Arktik Okyanusu
Arktisch Weltmeer

Kuzey Kutbu
Noordpol

Güney Kutbu

Süüdpol

Antarktika

Antarktis

dünya

Eerd

kara

Land

deniz

See

ada

Eiland

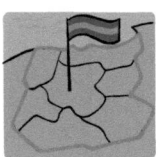

ulus

Natschoon

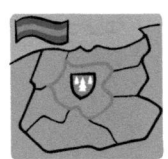

ülke

Staat

kadran

Tallenblatt

akrep

Stunnenwieser

yelkovan

Minutenwieser

saniye ibresi

Sekunnenwieser

Saat kaç?

Wo laat is dat?

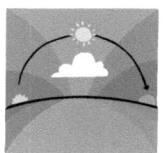

gün

Dag

zaman

Tiet

şimdi

nu

dijital saat

digetaalsch Klock

dakika

Minuut

saat

Stunn

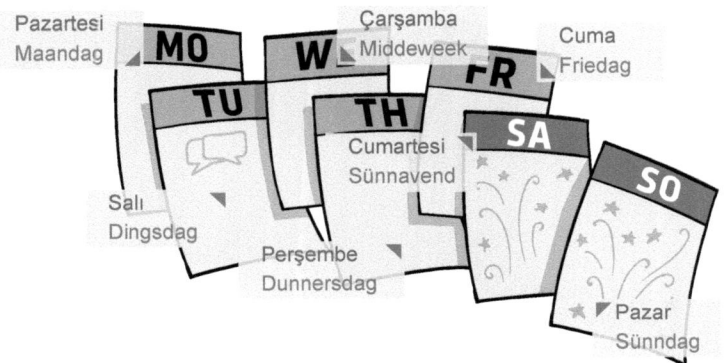

Pazartesi / Maandag — MO
Çarşamba / Middeweek — W
Cuma / Friedag — FR
TU
TH
SA
Salı / Dingsdag
Cumartesi / Sünnavend
SO
Perşembe / Dunnersdag
Pazar / Sünndag

dün

güstern

bugün

hüüt

yarın

morgen

sabah

Morgen

öğle

Meddag

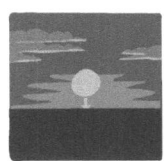

akşam

Avend

MO	TU	WE	TH	FR	SA	SU
1	2	3	4	5	6	7
8	9	10	11	12	13	14
15	16	17	18	19	20	21
22	23	24	25	26	27	28
29	30	31	1	2	3	4

iş günleri

Arbeitsdaag

MO	TU	WE	TH	FR	SA	SU
1	2	3	4	5	6	7
8	9	10	11	12	13	14
15	16	17	18	19	20	21
22	23	24	25	26	27	28
29	30	31	1	2	3	4

hafta sonu

Wekenenn

yağmur
Regen

gökkuşağı
Regenbagen

kara
Snee

rüzgar
Wind

bahar
Fröhjohr

sonbahar
Harvst

yaz
Sommer

kış
Winter

4.APRIL	11°	☀
5.APRIL	4°	☁
6.APRIL	13°	☂
7.APRIL	8°	❄
8.APRIL	10°	☀

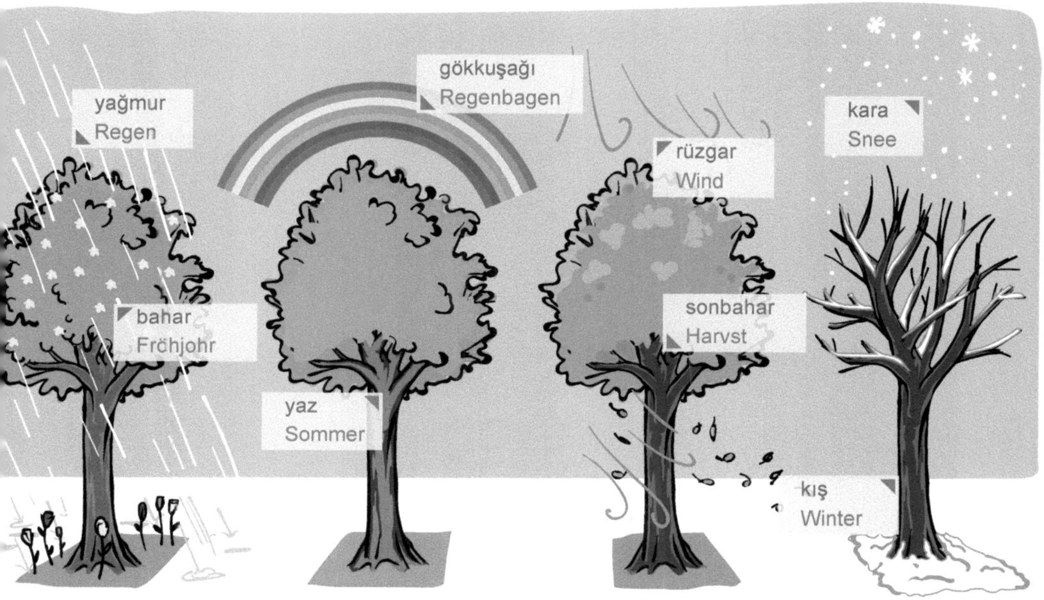

hava durumu tahmini

Wedervörhersaag

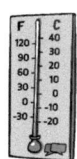

termometre

Thermometer

güneş ışığı

Sünnenschien

bulut

Wulk

sis

Nevel

nem

Luftfuchtigkeit

şimşek

Blitz

gök gürültüsü

Dunner

fırtına

Storm

dolu

Hagel

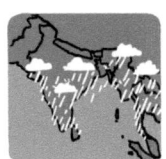

muson

Monsun

sel

Floot

buz

Ies

Ocak

Januormaand

Şubat

Februormaand

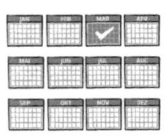

Mart

Martmaand

Nisan

Aprilmaand

Mayıs

Maimaand

Haziran

Junimaand

Temmuz

Julimaand

Ağustos

Augustmaand

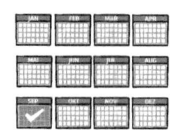

Eylül
....
Septembermaand

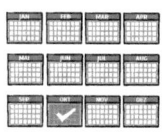

Ekim
....
Oktobermaand

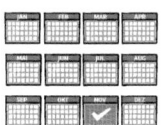

Kasım
....
Novembermaand

Aralık
....
Dezembermaand

şekiller
Formen

daire
....
Krink

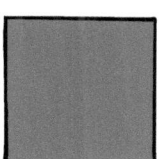

kare
....
Quadrat

dikdörtgen
....
Rechteck

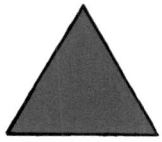

üçgen
....
Dreeeck

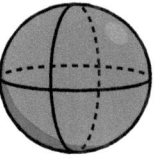

küre
....
Kugel

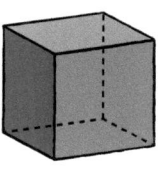

küp
....
Wörpel

beyaz

witt

sarı

geel

turuncu

orangsch

pembe

pink

kırmızı

root

mor

lila

mavi

blau

yeşil

gröön

kahverengi

bruun

gri

gries

siyah

swart

çok / az

veel / wenig

kızgın / sakin

böös / verdreeglich

güzel / çirkin

smuck / mies

başlangıç / son

Begünn / Enn

büyük / küçük

groot / lütt

parlak / karanlık

hell / düüster

rkek kardeş / kız kardeş

Broder / Süster

temiz / kirli

schier / schietig

tamam / eksik

kumpleet / nich kumpleet

gün / gece

Dag / Nacht

ölü / canlı

doot / lebennig

geniş / dar

breet / small

yenilebilir / yenilemez

geneetbor / nich geneetbor

kötü / iyi

böös / fründlich

heyecanlı / sıkılmış

fickerig / langwielt

şişman / zayıf

dick / dünn

ilk / son

toeerst / toletzt

dost / düşman

Fründ / Fiend

dolu / boş

vull / leddig

sert / yumuşak

hart / week

ağır / hafif

swoor / licht

açlık / susuzluk

Smacht / Döst

hasta / sağlıklı

krank / gesund

yasa dışı / yasal

nich na't Recht / na't Recht

zeki / aptal

klook / dummerhaftig

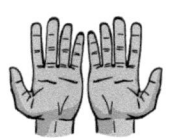

sol / sağ

linkerhand / rechterhand

yakın / uzak

neeg / feern

zıt anlamlılar - Gegendelen

yeni / kullanılmış

nieg / bruukt

hiçbir şey / bir şey

nix / wat

yaşlı / genç

oolt / jung

açma / kapama

an / ut

açık / kapalı

apen / slaten

sessiz / gürültülü

lies / luut

zengin / fakir

riek / arm

doğru / yanlış

richtig / verkehrt

pürüzlü / düz

ruug / glatt

üzgün / mutlu

trurig / glücklich

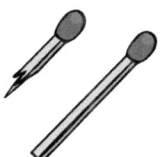

kısa / uzun

kort / lang

yavaş / hızlı

suutje / flink

ıslak / kuru

natt / dröög

sıcak / serin

warm / köhl

savaş / barış

Krieg / Freden

0

sıfır
null

1

bir
een

2

iki
twee

3

üç
dree

4

dört
veer

5

beş
fief

6

altı
söss

7

yedi
söven

8

sekiz
acht

9

dokuz
negen

10

on
teihn

11

on bir
ölven

12

on iki

twölf

13

on üç

dörteihn

14

on dört

veerteihn

15

on beş

föffteihn

16

on altı

sössteihn

17

on yedi

söventeihn

18

on sekiz

achtteihn

19

on dokuz

negenteihn

20

yirmi

twintig

100

yüz

hunnert

1.000

bin

dusend

1.000.000

milyon

million

İngilizce

Engelsch

Amerikan İngilizcesi

Amerikaansch Engelsch

Çince (Mandarin)

Chineesch Mandarin

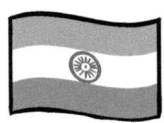

Hintçe

Hindi

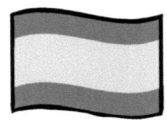

İspanyolca

Spaansch

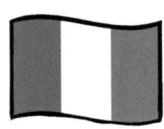

Fransızca

Franzöösch

Arapça

Araabsch

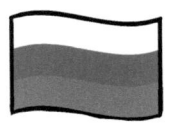

Rusça

Rusch

Portekizce

Portugiesch

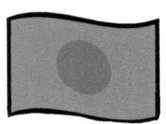

Bengalce

Bengaalsch

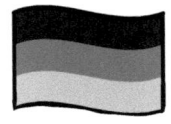

Almanca

Düütsch

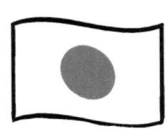

Japonca

Japaansch

ben

ik

sen

du

o

he / se / dat

biz

wi

siz

ji

onlar

se

kim?

keen?

ne?

wat?

nasıl?

woans?

nerede?

woneem?

ne zaman?

wannehr?

isim

Naam

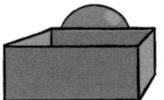

arkasında

achter

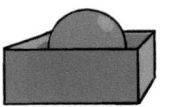

içinde

in

önünde

vör

üzerinde

över

üstünde

op

altında

ünner

yanında

blangen

arasında

twüschen

yer

Oort